Mitten aus dem Leben

… mal heiter, mal wolkig – so, wie es halt spielt.

1. Auflage: November 2016

Herstellung und Verlag:
BoD – Books on Demand, Norderstedt

ISBN: 978-3-7412-7057-4

Inhaltsverzeichnis

Seite 1	Informationen über das Buch
Seite 2	Inhaltsverzeichnis
Seite 5	Vorwort
Seite 6	Aus(er)lesen
Seite 7	Dorf-Gerede
Seite 8	Geschafft !!!
Seite 9	Aus die Maus
Seite 10	Für dich, mein Hund
Seite 11	Rosenkrieg
	Gesundgestoßen
Seite 12	Knackig knackig
Seite 13	Draußen
Seite 14	Rückspiegel
Seite 15	Frieden
Seite 16	Böse, böse
Seite 17	Kaffeejunky
Seite 18	Wir schaffen das!
Seite 19	Rente mit 90
Seite 21	Väter und Erzeuger
Seite 22	Echte Freundschaft
Seite 23	Sex
Seite 24	Freundlich sein
Seite 25	Äußerlich
Seite 26	Gute Vorsätze
Seite 27	Die große Liebe
Seite 28	Steine
Seite 29	Gewogenheiten

Seite 30	Tagesschau
Seite 31	Multitasking
Seite 33	Freiheit
Seite 34	Menschen mit Herz
Seite 35	Keine Macht der Dummheit
Seite 36	Plötzlich arbeitslos
Seite 37	Mehrgenerationenhaus
Seite 39	Auslegungssache
Seite 40	Hand anlegen
Seite 41	Widerwillig getrennt
Seite 42	Herrschaft(szeit)en
Seite 43	Totenstille
Seite 44	Großes Ende – kleiner Kern
Seite 45	Lebensmüde
Seite 46	`ne Sommernacht im Dachgeschoss
Seite 47	Kaffeefahrten
Seite 49	Gutes Gelingen!
Seite 50	Schätze
Seite 52	Jahreszeiten
Seite 53	Yoga-Malheur
Seite 54	Helianthus annuus
	Flugangst?
Seite 55	Erfolg
Seite 56	Revanche-Foul
Seite 57	Frier in den Mai
Seite 58	Alltagsheldin
Seite 59	Erlösung
Seite 60	Ohne Wasser
Seite 61	Das schwache Geschlecht
Seite 62	Gewitter
Seite 63	Jetzt oder nie
Seite 64	Verarscht

Seite 65	Clownsmaske
Seite 66	Regenbogenfarbenspiel
	Vertrauen
Seite 67	Alkohol(un)abhängigkeit
Seite 68	Dominanz
Seite 69	Wunschträume
Seite 70	Gibt zu denken!
Seite 71	„Vogelfrei"
Seite 73	Wer lügt gewinnt
Seite 74	Regenbogen
Seite 75	Anwendungsfehler
Seite 76	Wächter der Nacht
Seite 77	Alltagsheld
Seite 78	Demenz
Seite 79	Telefonzellen-Furz
Seite 81	Halb so wild
Seite 82	„Väter"
	Selbstschutz
Seite 83	Wochenplan
Seite 84	Mein Omilein im Himmel
Seite 85	Nur geliehen
Seite 86	„Dort oben"
Seite 87	Brücken
Seite 88	Anlauf nehmen (Ich kann warten)
Seite 89	Noch einmal frisch verliebt
Seite 90	Mein alter Freund
Seite 91	Kriminelle
Seite 92	Jammerlappen
Seite 93	Heiter bis wolkig
Seite 94	Knechtschaft
Seite 95	Freundschaft auf den ersten Blick
Seite 96	Eigene Dummheit
Seite 97	Hinter den Fassaden
Seite 98	Nachwort
Seite 99	Impressum
Seite 100	Buchvorstellungen

Vorwort:

Lieber Leser!

Mitten im Leben, sind die Gedichte dieses Bandes entstanden. Viele neue Werke, aber auch alte, die noch nie zuvor irgendwo veröffentlicht wurden, werden ihnen in diesem Buch begegnen. Um nicht zu viel Zeit zu verlieren und um Ihre Neugierde zu stillen, wünsche ich Ihnen nun viel Spaß beim Lesen.

Der Autor Norbert van Tiggelen

Aus(er)lesen

Alle Menschen sind nicht schlecht,
das darfst du mir gern glauben!
Da gibt's ein paar besondere,
die sind wie edle Trauben.

Ganz genau von jenen welchen,
die tatsächlich schmackhaft sind,
solltest du dich niemals trennen –
sei bloß nicht naiv und blind!

Andere sind weich und schlecht,
die musst du aussortieren,
damit die guten dieser Les'
nicht den Geschmack verlieren.

Drum gebe ich dir einen Rat:
Verdirb dir nicht die Kost;
entsorg sie, wo sie hingehör'n –
ganz schnell auf den Kompost!

©Norbert van Tiggelen

Dorf-Gerede

Dorf-Gerede kann dir wehtun,
dich zerstören irgendwann;
es entsteht, wenn ein Krakeeler
nicht den Schnabel halten kann.

Er erzählt, was er gehört hat,
jedem weiter, dieser Wicht.
Welches Unheil er verrichtet,
glaubt mir, interessiert ihn nicht.

Haben seine Schwatzereien
viele Ohren dann erreicht,
er sich feige und auch leise
unbemerkt von dannen schleicht.

Warum macht ein Mensch so etwas?
Diese Antwort liegt nicht fern:
Dieser Quatschkopf – oh wie kläglich –
steht im Mittelpunkt sehr gern.

©Norbert van Tiggelen

Geschafft !!!

Als man über dich gezürnt hat,
machte jeder Nichtsnutz mit.
Deine Seele wurd' geächtet,
sie bekam so manchen Tritt.

Doch du ließt dich niemals hängen,
zeigtest denen, wer du bist.
Aufrecht gingst du deine Wege,
ohne Zorn und Hinterlist.

Du erwiesest dich als Kämpfer,
der sich nie geschlagen gibt,
der so manchen kessen Riegel
vor 'ne Lästerzunge schiebt.

Jetzt – sieh an - ist alles anders,
man schenkt dir ganz brav Applaus;
und beim Winken zu dir rüber
renkt man sich die Arme aus.

Du hast es geschafft !!!

©Norbert van Tiggelen

Aus die Maus

Jemand sagte mal im Hochmut,
ich sei ein ganz armer Wicht;
Haus und Auto, Schmuck und Aktien,
tut ihm leid, das hätt' ich nicht.

Ich fing sofort an zu schmunzeln,
dachte mir: Was für ein Clown!
Habe ihm dann auch ganz sachte
dieses Sprüchlein reingehau'n:

„Wichtig ist, du hast Charakter
und das Herz am richt'gen Fleck;
lieber arm wie Kirchenmäuse,
aber Rückgrat im Gepäck!"

©Norbert van Tiggelen

Für dich, mein Hund

Ich kenne da ein Seelchen,
ich weiß, er mag mich sehr;
sind wir mal nicht zusammen,
dann hat's ein jeder schwer.

Er hat das ganz Bestimmte:
Gefühl und Ehrlichkeit,
und was ich an ihm schätze,
ist seine Offenheit.

Er bringt mich oft zum Lächeln;
in dieser kalten Welt
er mir mit seiner Nähe
so manchen Tag erhellt.

Er braucht von mir kein Geld,
spielt gern mit einem Schuh;
bin froh, dass ich ihn habe,
und dieser Schatz bist - du!

©Norbert van Tiggelen

Rosenkrieg

Gebt den Kindern eine Stimme,
nutzt sie nicht zu eurem Zweck!
Ihre jungen, zarten Seelen
zieht man nicht durch Scheidungs-Dreck.

Ihr quält sie doch schon gewaltig,
ganz allein, weil ihr euch trennt;
wie sie dabei leiden müssen,
man erst viel zu spät erkennt.

Wenn sie eine Stimme hätten,
sie wohl meistens eins beschrieb':
Seid vernünftig, bleibt zusammen –
wir ha'm doch euch beide lieb!

©Norbert van Tiggelen

Es gibt „Männer", die das zusätzliche
Geld durch die steuerlichen Vorteile
ihrer Kinder ganz alleine für ihre eigenen
Interessen verschwenden. Diese Typen haben
sich wortwörtlich „gesundgestoßen"!

©Norbert van Tiggelen

Knackig knackig

Es knackt, wenn ich mich bücke,
es knackt; selbst wenn ich steh',
und was mich dabei wundert:
Mir tut es nirgends weh.

Es knackt, wenn ich mich recke,
es knackt, selbst wenn ich lieg';
doch darum, liebe Leute,
ich keine Depris krieg.

Das kann nur eines heißen,
ganz ohne Hintersinn:
Dass ich in meinem Alter
noch richtig knackig bin!

©Norbert van Tiggelen

Draußen

Draußen war ein Ort der Ferne,
dort gab's immer frische Luft;
je nachdem, wie's Wetter tickte,
wechselte sich unsre Kluft.

Draußen spielten wir Verstecken,
Schnitzeljagd und Völkerball,
bauten Buden, fuhren Fahrrad –
klar doch, schneller als der Schall.

Draußen gab es tolle Gärten
mit ganz vielen Leckerei'n:
Kirschen, Äpfel und Kohlrabis –
schlichen uns dort heimlich rein.

Draußen brannten Lagerfeuer,
hielten uns nicht selten warm;
dort war'n wir Gesetzeshüter,
spielten Räuber und Gendarm.

Draußen spielten wir mit Murmeln,
stiegen auf den höchsten Baum,
spielten Fußball, fuhren Rollschuh;
Langeweile gab es kaum.

Draußen gab es auch mal Regen,
doch das machte uns nichts aus.
Wichtig war der Duft der Ferne –
Hauptsach', wir war'n außer Haus!

©Norbert van Tiggelen

Rückspiegel

Schau nicht immer in den Spiegel,
der dir stets das Hinten zeigt.
Weil man dann, ich hab's gesehen,
selbst zum Scheitern oftmals neigt.

Denk im Leben auch an dich mal –
drum benutze den Verstand:
Schaue zwischendurch nach vorne,
denn sonst fährst du an die Wand!

©Norbert van Tiggelen

Frieden

Frieden ist der Wunsch der meisten
Menschen dieser großen Welt,
jeden Tag des Lebens schlemmen
unter unsrem Himmelszelt.

Blühen dürfen wie ein Blümchen,
auf 'ner Wies' im Sonnenschein,
unbeschwert das Leben kosen,
anstatt nur bestürzt zu sein.

Liebe spüren, keine Ängste,
glücklich sein statt Traurigkeit.
Keine Bange um das Leben –
Harmonie und Einigkeit.

Atmen dürfen, tief und tiefer,
Freiheit, Güte, Lebenslust;
Menschlichkeit aus tiefstem Herzen
und kein Stechen in der Brust.

Darum kämpfet für den Frieden,
für mehr Einklang auf der Welt,
für Gerechtigkeit und Rücksicht –
nicht, dass sie uns noch zerfällt!

©Norbert van Tiggelen

Böse, böse

Das Böse braucht nicht viel zum Blühen,
das hat die Welt uns oft gezeigt;
der beste Dünger ist – wie schade –,
wenn der Mensch nur feige schweigt.

Hätt' er manchmal nicht geschwiegen
und die Meinung laut gesagt,
hätten uns so manche Dramen
sicherlich nicht so geplagt.

Manchmal reicht, um was zu ändern,
eine Meinung laut und klar.
Kuschen wir jedoch geschmeidig,
nimmt die Staatsmacht uns nicht wahr.

©Norbert van Tiggelen

Kaffeejunkie

Ohne Kaffee wär' mein Leben
unbedeutend, trist und leer.
Ein paar Stunden drauf verzichten,
fiele mir unendlich schwer.

Ich trink ihn oft literweise,
diesen Trank aus Koffein.
Morgens, mittags und auch abends,
das ist halt mein großer Spleen.

Jeder Schluck ist eine Wohltat
und 'ne Stärkung für den Geist;
teilen tue ich ihn niemals,
darin bin ich völlig dreist.

Würde er mir mal ausgehen,
Himmelherrgott, welch ein Graus!
Ich würd glatt zum Dieb mutieren –
dann säh's mit mir düster aus.

In den Adern meines Körpers
muss es ziemlich wüst ausseh'n.
Aber Viren die mich schwächen,
werden dort wohl nie entsteh'n.

©Norbert van Tiggelen

Wir schaffen das!

Amokläufe, Mordanschläge –
in den Menschen wächst die Angst.
Vaterland, dein Herz pocht unruhig –
ob du mit uns Bürgern bangst?

Irre sind zum Teil gerüstet
wie ein Waffenarsenal;
selbst der Gang zum nächsten Kaufhaus
wird für manchen hier zur Qual.

Sprengstoffgürtel sind jetzt Mode,
man(n) trägt sogar auch schon Axt.
Fort sind Zeiten des Behagens,
wo man beim Spaziergang flachst.

Schießt ein Wachmann einen „Killer"
nieder, dann wird debattiert –
dient er nicht zu unsrem Schutze,
wenn man uns hier attackiert?

Deutschland, öffne deine Augen!
Auf den Straßen Furcht und Hass!
Doch wie heißt es forsch von oben:
Volk, hör zu - wir schaffen das!

©Norbert van Tiggelen

Rente mit 90

Mit neunzig in den Ruhestand –
wo liegt denn das Problem?
Die Rollatoren führen uns,
das schaffen wir bequem!

Das Wasser in den Beinen platscht
bei jedem unsrer Wege;
das Herz pocht wie ein Bassreflex
so laut und auch so rege.

Sind die Ohren noch so taub,
wir sehen es gelassen;
wenn wir den Pausen-Gong nicht hör'n,
wird uns der Chef nicht hassen.

Wir lutschen unser Frühstücksbrot,
natürlich körnerfrei,
zum Mittag gibt es bei uns Mus
aus Möhrenstampf und Brei.

Ist der Blutdruck noch so hoch
wir werden's überleben;
wir wollen doch für unsren Staat
das Allerletzte geben!

Wir leisten täglich unbeschwert,
als sei's die erste Schicht,
und pfeifen dabei noch ein Lied
trotz Zahnersatz und Gicht.

Und sollte es mal doch so sein,
dass wir schon eher krepieren;
so hat der Staat sein Ziel erreicht
und wird dann triumphieren.

Denn die Moral von der Geschicht'
begreift man doch im Nu:
Wer lange wirkt, der kneift gewiss
sein A....loch zeitig zu.

©Norbert van Tiggelen

Väter und Erzeuger

Männer, die mit Frau und Kind,
getreu durchs Leben wandeln
und diese auch stets liebevoll
sowie gerecht behandeln,

die nennt man Väter, und zu Recht;
denn da gibt's auch gewisse,
die sind zu schwach und auch zu faul
für kleinste Hindernisse.

Sie denken immer nur an sich,
sind kleine schwache Beuger;
drum nennt man sie empfindungslos
ganz einfach nur „Erzeuger".

©Norbert van Tiggelen

Echte Freundschaft

Echte Freunde sind ein Bündnis,
eine Einheit, ein Gespann;
es ist toll, wenn man doch ständig
auf den andren bauen kann!

Läuft das Leben rundum glücklich,
wird dies Duo stets geschont;
folglich blüht es unaufhörlich,
man hat Freude, wie gewohnt.

Wird es aber unbehaglich,
weil das Schicksal dich ereilt,
wirst du seh'n, ob dein Gefährte
mit dir diese Prüfung teilt.

Darum:

Wie viel eine Freundschaft wert ist,
zeigt sich erst in schlechter Zeit:
Wird sie ohne Schad' gemeistert,
dann hält sie 'ne Ewigkeit.

©Norbert van Tiggelen

SEX

Zum Sex gehören immer zwei,
das lasst euch von mir sagen.
Ist er schlecht, so glaubt es mir,
wird meistens einer klagen.

An wem es nun tatsächlich lag,
bleibt häufig ungeklärt,
weil jeder von den beiden meint:
DU machst etwas verkehrt!

Nur eins ist für MICH sicher,
gebt Acht und hört jetzt zu:
Liebe, Takt und Feingefühl
gehör'n für MICH dazu.

Und noch etwas am Ende,
auch wenn es klingt banal:
Die Jugend wird jetzt schmunzeln -
das Alter ist egal!

©Norbert van Tiggelen

Freundlich sein?

Mit Freundlichkeit, da kommst du weit?
Hör zu, das ist gelogen!
Denn bist du höflich und adrett,
dann wirst du oft betrogen.

Man sieht in dir 'nen Hampelmann,
den man benutzt zuweilen;
verlangt von dir tagaus, tagein,
dein letztes Hemd zu teilen.

Drum rat ich dir: Hilf nicht zu forsch,
lass Hände auch mal ruh'n;
sonst stehst du eines Tages da
wie ein gerupftes Huhn.

Ich will damit nicht sagen:
Schau nur noch geradeaus;
doch leider gibt es Menschen,
die nutzen ein' nur aus.

©Norbert van Tiggelen

Äußerlich

Äußerlich spielst du den Harten,
den im Grunde gar nichts schockt,
der das Chaos stets im Griff hat,
der die Party immer rockt.

Äußerlich, da summst du Lieder,
machst auf kess und lebensfroh,
pfeifst auf Menschen, die nur schwatzen,
und auf Heuchler sowieso.

Innerlich ist vieles anders,
jetzt sei ehrlich und gesteh!
Was du routiniert verheimlichst:
In der Seele tut's dir weh.

©Norbert van Tiggelen

Gute Vorsätze

Menschen wollen vieles ändern,
ganz speziell im neuen Jahr.
Dass es aber meistens scheitert,
wird uns oft erst später klar.

Schluss mit den gemeinen Lastern
Nikotin und Alkohol;
ein paar Kilo abtrainieren,
und der Körper fühlt sich wohl.

Die Ernährung wird geändert,
fort soll'n Speck und schlaffer Bauch.
Süßigkeiten nur in Maßen –
Geld gespart wird dadurch auch.

Doch ich will mich gar nicht plagen,
pfeife auf 'nen Neubeginn.
Ich werd nur das eine machen –
und so bleiben wie ich bin!

Frohes neues Jahr!

©Norbert van Tiggelen

Die große Liebe

Manchmal dauert's etwas länger,
bis der Topf 'nen Deckel kriegt,
dass man dem geliebten Herzblatt
endlich in den Armen liegt.

Eines Tages, unerwartet,
steht sie vor dir, diese Seel',
die dein Herz ganz zärtlich anstößt,
sich entpuppt als Kronjuwel.

Dann schwebt man auf Wolke Sieben,
all das Warten wurd' belohnt:
Endlich hast du diesen Liebling,
der in deinem Herzen wohnt!

©Norbert van Tiggelen

Steine

Steine könnten viel erzählen,
waren lang schon vor uns da.
Ohne sie wär' vieles wacklig -
sind tagtäglich uns sehr nah.

Wände, Häuser, Stufen, Brücken
sind aus ihnen meist gemacht.
Edelsteine bringen Frohsinn,
darum manche Seel' laut lacht.

Werfen sollte man sie niemals,
wenn man selbst im Glashaus sitzt.
Mancher Sträfling sie verfluchte -
hat im Steinbruch oft geschwitzt.

Und da gibt's noch einen Findling,
der ist mehr als nur gemein.
Hast du Schmerzen in der Leiste,
zwickt dich oft ein Nierenstein.

©Norbert van Tiggelen

Gewogenheiten

Alte Liebe rostet nicht,
ist sie auch lang Geschichte.
Glücksgefühle dieser Art,
die gehen kaum zunichte.

Auch nach vielen Jahren noch,
wenn man sich wiedersieht,
ein Hauch von Hingezogenheit
durch's Herzenstörchen zieht.

Drum sei gewarnt und glaube mir,
verkenn' solch Lieben nicht.
In Herzen, die sich lang nicht sah'n,
glimmt häufig noch ein Licht.

©Norbert van Tiggelen

Tagesschau

Die Tagesschau sich anzuseh'n,
ist nichts für schwache Nerven;
zudem kostet sie uns auch noch
'ne Menge Kraftreserven.

Täglich schlimme Attentate,
die uns enorm erschrecken,
die Trauer, Angst, Verbitterung
in unsren Herzen wecken.

Katastrophen, Mordanschläge,
Hungersnöte, Meuterei'n
überfluten unsre Sinne
momentan tagaus, tagein.

Flüchtlingsdramen grenzenlos
in vielen Nachbarländern –
da fragt man sich nicht ohne Grund:
Wann wird sich all das ändern?

Drum, liebe Leser, ganz im Ernst:
Was haben wir erreicht,
dass eine Tagesschau derweil
'nem Horrorfilm oft gleicht?

©Norbert van Tiggelen

Multitasking

Muttis müssen stets flexibel,
tolerant und kraftvoll sein.
Funktionieren sie alltäglich,
sieht man sie als Edelstein.

Ob als Putzfrau oder Köchin,
Seelentröster, Fundament,
Babysitter, Konditorin
und Familien-Management.

Lehrerin in allen Fächern,
Fotograf und Schneiderin,
Motivator, Monsterjäger
und auch Wundenpusterin.

Ob als Taxiunternehmen,
beste Freundin, Bastelfee,
Psychologin, Krankenschwester,
und Vergnügungskomitee.

Blitzableiter, Visagistin,
Seelenklempner und Croupier,
Clown, Gefährte und Beschützer,
Kummerkasten, Kuscheltier.

Ob als Ärztin oder Vorbild,
liebe Oma, Kämpferin,
Anziehhilfe, Kuscheldecke,
Ratgeber, Erzieherin.

Spielgefährte und Frisörin,
Baldrian, ein Leben lang;
Küchenchefin, Spülmaschine
und private Bundesbank.

Diplomatin, Sanitäter
und Vertraute obendrein;
Mutterherz, du Zauberkünstler –
all das musst du täglich sein!

©Norbert van Tiggelen

Freiheit

Freiheit heißt, all das zu machen,
was man einfach machen will,
unabhängig zu bestimmen
ohne Zwang und ohne Drill.

Freiheit heißt auch, zu bestimmen,
was man selbst für richtig hält,
welcher Religion man huldigt,
sich nicht nur mit Pflichten quält.

Freiheit heißt, zu kritisieren,
ganz egal, zu welcher Zeit;
sich das Wort nicht nehmen lassen
wegen Untergebenheit.

Darum sollten wir tagtäglich
sie als großes Glück anseh'n;
denn nicht jeder Mensch auf Erden
darf die eignen Wege geh'n.

©Norbert van Tiggelen

Menschen mit Herz

Sie sind anspruchslos und herzlich,
schenken Licht bei Dunkelheit,
machen sich um dich Gedanken –
geben Hoffnung, sehen weit.

Leben meistens unauffällig,
stell'n sich nie ins Bühnenlicht;
sie verarzten deine Seele,
wenn sie wieder furchtbar sticht.

Geben, ohne zu verlangen,
reichen dir vertraut die Hand;
helfen, um dich froh zu sehen –
mit viel Herz und auch Verstand.

Zeigen dir ganz neue Wege,
wenn du dich verlaufen hast.
Selbst wenn's dir mal nicht so gut geht,
sind sie trotzdem gern dein Gast.

©Norbert van Tiggelen

Keine Macht der Dummheit!

Wenn ich manche Menschen seh',
dann mache ich mir Sorgen!
Denn wenn ich ihre Dummheit spür',
fühl ich mich nicht geborgen.

Dann denk ich mir: Was wäre, wenn
die was zu sagen hätten?
Die Welt, in der wir existier'n –
sie wär' nicht mehr zu retten.

Sie sind oft harsch und abgebrüht,
korrupt und voller Hohn;
ein solcher Mensch gehört - bei Gott! –
auf keinem Herrscher-Thron.

Drum müssen wir uns einig sein,
dass unsre Welt verkommt,
wenn so ein Dummkopf irgendwann
mal eine Macht bekommt.

©Norbert van Tiggelen

Plötzlich arbeitslos

Schreckensnachricht! Hiobsbotschaft!
Deine Sorgen sind jetzt groß;
man hat dir doch glatt gekündigt,
bald schon bist du arbeitslos

Wie soll es nun weitergehen?
Kriegst du nochmal eine Chance?
Gestern noch war alles rosig,
heute wackelt die Balance.

Gerade jetzt in deinem Alter
wird es für dich richtig schwer,
wieder einen Job zu kriegen;
das nagt an den Nerven sehr.

Zukunftsängste, Altersarmut –
Depression entsteht im Nu;
deine Sinne sind benommen,
nachts kriegst du kein Auge zu.

©Norbert van Tiggelen

Mehrgenerationenhaus

In so 'nem Haus ist schwer was los,
dort herrscht nicht immer Frieden;
das liegt jedoch an einem meist:
den Altersunterschieden.

Die Musik ist dann oft ein Grund,
dass es dort manchmal knallt;
weil aus den Zimmern hier und da
'ne andre Klangwelt schallt.

Das Enkelkind hört Hip-Hop gern,
da flippt es richtig aus;
legt es dann los mit Sprechgesang –
da wackelt's ganze Haus.

Der Sohn, er steht auf Techno sehr
und lässt es häufig krachen.
Er freut sich, wenn der Boden bebt
bis morgens zum Erwachen.

Der Vater steht auf Rock'n'Roll
und Neue Deutsche Wellen;
wenn er dann am Verstärker dreht,
dann hört man's nicht mal schellen.

Der Opa mag den Heesters gern,
da kriegt er weiche Knie.
Doch er ist taub wie eine Nuss,
drum hört er ihn fast nie.

Die Damen tun sich das nicht an,
sie hören Deutschen Schlager,
und weil das ganze Haus vibriert –
im Lebensmittel-Lager.

Es liegt im Keller dieses Heims,
gleich neben Vatis Bar,
dort wird sich heimlich ein' gekippt –
und manchmal auch ein paar.

©Norbert van Tiggelen

Auslegungssache

Ausgelegt wird's meistens anders,
wie du es mal hast gemeint;
deine Ehrlichkeit, die scheut man –
drum auch hast du machen Feind.

Ständig wird an deinen Worten
rumgeschraubt und dran hantiert,
damit manche liebe Botschaft
an Glaubwürdigkeit verliert.

Jahre schon kämpfst du dagegen
an, mit Mut und Offenheit,
führtest Schlachten ohne Waffen,
warst zum Wettkampf stets bereit.

Irgendwann, so glaub mir eines,
geben diese Rüpel auf.
Hab Geduld und bleib beständig –
nimm noch etwas Zeit in Kauf!

©Norbert van Tiggelen

Hand anlegen

An Gescheh'nem noch zu werkeln,
um es anders darzustell'n,
lohnt sich nicht. Spar dir die Mühe –
da wird kaum ein Hund nach bell'n.

Fuchtle nicht in alten Sachen,
denn die kosten zu viel Saft;
spar dir Nerven, Zeit, Gedanken
und vor allem Lebenskraft.

Wichtig ist das Hier und Heute,
das, was du jetzt tust und bist;
alles andre ist Geschichte,
glaube mir, klingt es auch trist.

Drum gebrauche deine Hände
für die Zukunft ganz allein,
denn du willst doch nur in dieser
stolz und auch zufrieden sein!?

©Norbert van Tiggelen

Widerwillig getrennt

Viele Jahre lag sie ständig
neben dir in deinem Bett;
diese Seele, der du huldigst,
die dein Leben macht komplett.

Jetzt jedoch ist alles anders –
eine Krankheit ist dran schuld!
Du bangst höllisch um ihr Leben,
dich plagt pure Ungeduld.

Ihre Hälfte fühlt sich kalt an,
kanntest sowas doch noch nie;
betest für ein gutes Ende:
Dunkle Zeit, vorüberzieh!

Hältst in deinen bösen Träumen
ihr getreu die schwache Hand,
die doch immer für dich da war,
mit dir Freud und Leid empfand.

Wird sie nochmal wiederkommen?
Der Gedanke dich jetzt quält;
könntest heulen wie ein Schlosshund –
jetzt spürst du, wie sehr sie fehlt!

©Norbert van Tiggelen

Herrschaft(szeit)en

In 'nem Nobelrestaurant
benimmt man sich ästhetisch;
verschwiegen, höflich, aufmerksam,
galant und majestätisch.

An der Tafel zeigt man Stil,
um bloß nicht aufzufallen
Man speist adrett, sitzt grad am Tisch –
lässt keine Korken knallen.

Auf dem Abort allerdings
ist's oft vorbei mit Schliff.
Es wird zum „Scheißhaus" eins-zwei-drei –
und „Stil" zum Fremdbegriff.

Die Toilettenfrau weiß vieles,
schmunzelt heimlich oft gewiss,
denn sie sah schon mehr als häufig,
wie man ihr WC beschiss.

©Norbert van Tiggelen

Totenstille

Irgendwann kommt mal die Zeit,
dann werden Kinder gehen;
fort vom warmen Elternhaus,
da nützt dir auch kein Flehen.

Plötzlich ist das Heim so still,
wo's früher lebhaft war.
Am Anfang denkst du dir: Wie schön –
das ist doch wunderbar!

Mit der Zeit merkst du jedoch,
dass dich die Ruhe stört,
denn schließlich hat der Lärm zuvor
zu deinem Heim gehört.

Du sehnst dich förmlich nach Getös',
und dem „Gejauchz-Klimbim";
denn die Stille, die jetzt herrscht
ist tausendmal so schlimm!

©Norbert van Tiggelen

Großes Ende – kleiner Kern

Jeder Baum war einst ein Samen,
ist er jetzt auch groß und stark;
jede Großstadt eine Siedlung,
kaum bewohnt, sehr klein und karg.

Jeder Fluss war eine Quelle,
jeder Sturm ein Hauch, der schlich;
jedes Bauwerk war ein Grundriss,
jede Zeichnung mal ein Strich.

Jedes Buch war ein Gedanke,
jede Seite ein Stück Holz;
irgendwann ein Kassenschlager,
den man liest mit großem Stolz.

Jede Großtat war ein Wille,
ein Gedanke, was zu tun;
hätt' es diesen nicht gegeben,
würden viele dieser ruh'n.

©Norbert van Tiggelen

Lebensmüde!?

Vom Kämpfen so müde,
die Knochen sind schwer;
vom Geben verärgert,
das Herz schmerzt so sehr.

Vom Aufsteh'n entkräftet,
die Muskeln sind lahm;
ich fühl mich so müde
und spür nur noch Gram.

Vom Predigen schläfrig,
der Wortschatz ist leer;
von Prügel marode –
der Kopf möcht' nicht mehr.

Nur was soll ich machen?
Hab kaum noch Begleiter.
Doch eh' ich mich beuge,
da kämpfe ich weiter!

©Norbert van Tiggelen

'ne Sommernacht im Dachgeschoss

Der Körper trieft, das Hirn, es spinnt,
der Schweiß aus deinen Poren rinnt.
Das Betttuch klebt dir am Gesäß.
Am Arsch - sag ich's mal sinngemäß.

Die Mücken schwirren dir ums Haupt,
was dir – na klar - die Nerven raubt.
Der Balg, er klebt wie Marmelade,
der Sommer, er kennt keine Gnade.

Stunden später - Nacht vorbei.
Schluss ist es mit der Quälerei.
Manch Humpen Schweiß aus dir wohl floss,
bei 30 Grad im Dachgeschoss.

©Norbert van Tiggelen

„Kaffeefahrten"
(Ein Laster des Alleinseins)

Hurra, heut ist 'ne Kaffefahrt,
man will uns lieb verwöhnen.
Der Preis ist eine Wucht, wie toll –
man kann sich dran gewöhnen.

Und dann die ganze Gabenflut,
die man uns Alten spendet!
Da wünscht man sich von Herzen gern,
dass so ein Tag nie endet.

Ein Hoch auf all die Menschen hier,
die dieses möglich machen!
Sie bringen unser trübes Herz
ganz ohne Trug zum Lachen.

Wer solchen Seelen nicht vertraut,
der sollte sich was schämen –
denn ohne diese „Engelsschar"
wir kaum nach draußen kämen.

Man denkt an unser täglich' Wohl
mit vielen tollen Dingen,
die uns demnächst tagein, tagaus
'ne Menge Freude bringen:

Rheumadecken, Knoblauchpillen,
Küchentöpfe, Faltencremes...
und dann noch ein paar Arzneien
zum Wohle des Immunsystems.

Sitzt man abends nach dem Ausflug
in der Wohnung ganz allein,
muss man mit Enttäuschung feststell'n:
Alles Gaukelei und Schein!

Diese netten "Menschenhelfer"
sind Banditen, und infam:
Haben uns doch nur betrogen
mit diversem Billig-Kram!

©Norbert van Tiggelen

Gutes Gelingen!

Ein echter Furz ist wie Chemie,
kann sogar Fliegen töten;
zudem muss er auch trocken sein,
sonst wirst du wohl erröten.

Ob lang, ob kurz, ob laut, ob leis' –
das ist meist nebensächlich.
Wichtig ist auf jeden Fall:
Er beißt im Zinken grässlich!

Wenn er Töne wechseln kann,
dann ist's ein Meisterstück.
Somit wird er zu einem Lied –
ein wahres Lebensglück!

Doch eine Weisheit hat Bestand,
klingt sie jetzt auch recht harsch:
Wenn Fürze deine Hos' versau'n,
dann war'n sie für den Arsch!

©Norbert van Tiggelen

Schätze

Es gibt eine Menge Schätze
hier auf dieser großen Welt.
Damit meine ich jedoch nicht
schwere Autos, Schmuck und Geld.

Da gibt es doch die Gesundheit!
Was wär'n wir bloß ohne sie?
Unsrem Leben fehlten sicher
Wohlgefühl und Harmonie.

Dann gibt es noch das Vertrauen!
Ohne es gäb's Zweifel nur;
niemand würd dem andren glauben,
jeder wär zum andren stur.

Dann gibt es auch noch den Frieden,
den fast jeder von uns will.
Gäb's ihn nicht, bestünd' das Leben
nur aus Jähzorn, Hass und Drill.

Weiter geht es mit der Freundschaft –
Menschen, tief und fest vereint.
Gäb's sie nicht, dann säh' es mies aus –
jeder wär' des andren Feind.

Dann gibt es da noch die Liebe –
das wahrscheinlich größte Gut;
schenkt uns wirklich große Mächte,
Hoffnung, Kraft und Lebensmut.

All das sind des Lebens Schätze,
die uns leider oft entgeh'n;
diese können uns beflügeln
wenn wir sie als solche seh'n.

©Norbert van Tiggelen

Jahreszeiten

Sie erfreu'n uns viermal jährlich,
meistens dreizehn Wochen lang,
jede so auf ihre Weise,
jede hat so ihren Klang:

Frühlingszeit – die Knospen sprießen,
wachgeküsst wird die Natur;
unser einst so kaltes Leben
trifft auf eine neue Spur.

Sommerzeit – die Blumen jauchzen,
zeigen sich in voller Pracht.
Sonnenschein liebkost die Seele,
Wald und Wies' in voller Tracht.

Herbstzeit heißt, die Farben lodern:
Rot, Orange, Gelb und Braun;
Laub erobert Feld und Wege –
trotzdem sehr schön anzuschau'n.

Winterzeit - meist kalt und dunkel,
trotzdem hat sie ihren Glanz;
Schneegestöber zeigt uns häufig
einen wahren Freudentanz.

©Norbert van Tiggelen

Yoga-Malheur

Letztens hatte ich Beschwerden
mit dem Magen, weh oh weh;
doch das konnt' mich nicht dran hindern,
dass ich brav zum Yoga geh'.

Sich am Anfang etwas dehnen,
sollte man grundsätzlich tun,
denn die alten müden Knochen
sind doch gegen Stress immun.

Als ich in der Kerzenstellung
war, da stach's mir arg im Darm,
was dann vorfiel, war so peinlich,
denn die Sporthos', sie wurd' warm.

Plötzlich schoss es literweise
spritzend durch den Trainingsraum;
seitdem nennt man mich „Fontäne" –
Gott sei Dank war's nur ein Traum!

©Norbert van Tiggelen

Helianthus annuus

Sonnenblume, Glanz des Sommers,
du krönst diese Jahreszeit.
Aber auch im Herbst erreichst du
uns mit deiner Fröhlichkeit.
Wirkst auf uns so wie ein Balsam,
du verbreitest Lebensfreud,
bist für manche trübe Seele
ein geschätzter Therapeut.

©Norbert van Tiggelen

Flugangst?

Wenn man dich nicht leiden kann
und über dich nur schimpft,
dich auch noch mit ganz gemeinen
Heucheleien impft...

Will man deinen Absturz seh'n,
doch du willst trotzdem siegen,
dann mache eins: Hab keine Angst
und lern doch einfach fliegen!

©Norbert van Tiggelen

Erfolg

Erfolg, den will ein jeder haben!
Doch woran erkennt man ihn?
Was muss sein, was muss passieren?
Da gibt's ein paar Theorien:

Muss man sehr viel Geld besitzen?
Muss man haben Haus und Pool
mit 'ner eignen Parkanlage
und 'nem goldnen Liegestuhl?

Muss man edle Pelze tragen
oder Schmuck aus Elfenbein,
einen Straßenkreuzer fahren –
muss das alles wirklich sein?

Viel Erfolg heißt für MICH eines:
Keinen Reichtum und so'n Mist.
Das bedeutet für mich einfach,
wenn man rundum glücklich ist.

©Norbert van Tiggelen

Revanche-Foul

Wer mich und meine Lieben foult,
 der bringt sich in Gefahr.
Der hat gewiss ein schweres Los –
 das mache ich ihm klar.

Manchmal kommt das Echo prompt,
 direkt an Ort und Stelle;
da bin ich, wie man häufig sagt,
 so flink wie 'ne Gazelle.

Ab und zu kommt's auch mal vor,
 da dauert's etwas länger,:
Ich geb den Wichten das Gefühl,
 ich hätt' 'nen satten Hänger.

Doch irgendwann, da kracht es derb.
 Dann spürt das Lügenmaul,
dass ich nichts vergessen hab –
 und mein Revanche-Foul.

©Norbert van Tiggelen

Frier in den Mai

Temperaturen wie im Winter,
Bäume tragen wenig Grün;
Sträucher, Blumen und die Wiesen
haben keine Lust zu blüh'n.

Schal und Jacke anstatt T-Shirt,
Gummistiefel statt Sandal'n;
tanzen unter freiem Himmel,
das bereitet uns doch Qual'n.

Doch das schockt uns überhaupt nicht -
kommt jetzt hoch und seid dabei;
trinken Glühwein anstatt Schorle
und dann frier`n wir in den Mai!

©Norbert van Tiggelen

Alltagsheldin

Du bist so ein tolles Mädchen –
und ich sag dir auch, warum:
Du hast eine eigne Meinung,
bist dazu im Kopf nicht dumm.

Eine echte Weggefährtin,
wie es sie nur selten gibt;
die mal austeilt, wenn's drauf ankommt,
aber auch die Fairness liebt.

Du gibst Menschen wieder Hoffnung,
stellst dich dabei nicht zur Schau;
opferst gar dein letztes Hemdchen –
Super-Weib und Power-Frau.

Du bist jemand, den ich schätze –
bleibe bitte, wie du bist!
Denn ein Mensch mit deinem Rückgrat
einfach nicht ersetzbar ist.

©Norbert van Tiggelen

Erlösung

Irgendwann ist es soweit,
da muss ein jeder gehen.
Ein lieber Mensch, der ehrlich war,
man will es nicht verstehen.

Hat sein Leben lang geschuftet,
war zu allen lieb und nett,
muss sich aber bitter quälen
auf dem kalten Sterbebett.

In der Hoffnung auf ein Wunder
betet man zum lieben Gott,
dass er noch mal munter werde,
ihm erspart bleibt das Schafott.

Doch man muss auch mal begreifen,
dass ein Weg zu Ende ist
und der Mensch, der da jetzt leidet,
endlich sanft die Augen schließt.

©Norbert van Tiggelen

Ohne Wasser

Ohne Wasser gäb' es Brände,
die man niemals löschen würd';
nie ein Schiff hätt' es gegeben,
das dich über jenes führt.

Ohne Wasser würd' es geben
manchen höllisch trocknen Mund;
Brücken wären eher nutzlos,
gäb's kein' Fisch, kein' Meeresgrund.

Ohne Wasser keimt kein Samen,
würd' niemals erreichen Pracht;
niemand hätte einen Brunnen
und kein Kind beim Planschen lacht.

Ohne Wasser wär' es trocken,
gäb' es nicht uns Menschenherde -
drum begegne ihm mit Achtung,
denn es ist das Blut der Erde!

©Norbert van Tiggelen

Das schwache Geschlecht?

Die Frau, so heißt es schon sehr lang,
sei schwach und zart besaitet,
doch man sich über diesen Punkt
schon ziemlich lange streitet.

Körperlich ist es gewiss:
Sie sind der schwäch're Part;
der Mann ist halt recht muskulös –
das ist so seine Art.

Seelisch allerdings, hört zu,
sieht's häufig anders aus;
da sind sie aufrecht, hart und zäh –
und das tagein, tagaus.

Da stehen sie oft ihren „Mann",
wie's Mannsbild sein sollte;
wie er es, wenn er wieder klagt,
im Grunde sein wollte.

Wenn das so alles weitergeht
wie in den letzten Jahren,
dann wird es heißen schon sehr bald:
dass Männer stark mal WAREN.

©Norbert van Tiggelen

Gewitter

Wolkenmonster schreiten kraftvoll,
unaufhaltsam auf mich zu,
toben, knurren, schnauben lautstark,
Schluss mit mollig warmer Ruh.

Bäume biegen sich wie Gräser,
durch die Hand des Sturms bewegt,
peitschend sich der Wind entfesselt,
über Land und Straßen fegt.

Aus dem Himmel tönt Gedröhne,
schimpft mit mir in rauem Ton,
Vögel flüchten panisch kreischend
vor dem mystischen Dämon.

Wassermengen prasseln nieder,
sintflutartig, wie ein Fluch,
Bäche werden schnell zu Flüssen,
ich im Dickicht Schutze such.

Wolkenmonster zieh'n von dannen,
haben mich nicht mal erkannt,
Vögel zwitschern wieder munter,
schwüle Luft, sie wurd' verbannt.

©Norbert van Tiggelen

Jetzt oder nie

Warum immer lange warten?
Warum immer diskutier'n?
Das hat oft nur eine Antwort:
Man könnt' sich ja auch blamier'n!

Bloß nicht mal die Zähne zeigen
und ein Wagnis sich zu trau'n!
Lieber feige sich verkrümeln,
wieder mal „im Sack zu hau'n".

Wer so denkt, wird nichts erreichen –
allerhöchstens Spott und Hohn.
Du wirst nie zum Großverdiener,
erntest nur 'nen Hungerlohn.

Darum gibt's nur eine Lösung:
Kriege keine weichen Knie!
Stell dich nie ins kalte Abseits –
rufe forsch: Jetzt oder nie!

©Norbert van Tiggelen

Verarscht

Wieder mal dasselbe Spiel,
komme nicht zu meinem Ziel,
noch mal so ein' Typ erwischt,
der die Karten anders mischt.

Wieder solche lieben Worte,
ich nach ihnen sehnlich schmorte,
doch jetzt ist es wieder still,
Glück, was mir nicht hold sein will.

Wieder dieser Seelenschmerz,
Kälte zieht tief in mein Herz,
abermals zu schnell vertraut,
wie gewohnt auf Sand gebaut.

Wieder einen Tritt bekommen,
fühle mich so wie benommen,
langsam wird es mir zum Groll,
Mann, hab ich die Schnauze voll!

©Norbert van Tiggelen
Inspiriert von Ute Richter

Clownsmaske

Immer lächeln, immer strahlen,
sind auch noch so groß die Qualen.
Spiele den, der glücklich ist,
der im Leben nichts vermisst.

Bloß nicht zeigen, dass du leidest,
weil du dich dann brav entkleidest
und den Neidern damit zeigst,
dass du zum Erliegen neigst.

Kleide dich für andre bunt,
steckst du auch im tiefen Schlund.
Zeige niemals deine Schwächen,
denn das würd' sich meistens rächen.

Scherze, auch in tiefer Trauer!
Lache, bist du noch so sauer!
Gib nur selten Bürden zu,
denn dann lässt man dich in Ruh.

©Norbert van Tiggelen

Regenbogenfarbenspiel

Rot, o-ran-ge, gelb und grün,
so schimmert sein Jackett;
zudem hellblau und einen Hauch
indigo-violett.

So zeigt er uns mit Eleganz,
am Himmel seine Farben,
sodass sich unsre Sinne stets
an seiner Pracht erlaben.

©Norbert van Tiggelen

Vertrauen

Mit Gott als Begleiter verirrst du dich nicht.
Er ist stets bei dir und spendet dir Licht.
Nimm seine Hand, die er dir gereicht,
halt sie ganz fest, dass sie nicht entweicht.
Habe Vertrauen, sein Wort, es ist rein -
und du wirst sehen, du bist nie allein!

©Norbert van Tiggelen

Alkohol(un)abhängigkeit

Jahrelang war's (d)eine „Mode",
hier und da wurd' MAL gezecht.
Morgens nach 'ner derben Sauftour
ging es dir so richtig schlecht.

Irgendwann wurd' er Gewohnheit,
der verfluchte Alkohol;
er beherrschte deine Seele,
viel zu oft hieß es: „Zum Wohl!"

Dann kam dieser Punkt der Einsicht,
„Welch ein Glück!" sagst du dir heut';
bist den schweren Weg gegangen,
hast die Plagen nicht gescheut.

Dieser Pfad war äußerst steinig,
doch du warst nicht abgeneigt,
ihn zu schreiten bis zum Ende –
hast ihm stolz die Stirn gezeigt.

Heute fühlst du dich erleichtert,
rundum glücklich, selbstbewusst
und bist deiner Würde dankbar,
dass du nicht mehr leiden musst.

©Norbert van Tiggelen
Inspiriert von Steffi Schaarschmidt

Dominanz

Es gibt Menschen, die sind mühsam,
denn sie wollen nur regier'n,
unbeirrt das Zepter schwingen
und Personen stets dressier'n.

Wollen immer unterweisen,
formen, richten und bekehr'n;
doch die meisten Menschenseelen
haben sowas gar nicht gern.

Trotzdem machen sie kess weiter,
so, als sei es Pflichtgefühl –
dominierend, besserwissend,
vorlaut, arrogant und kühl.

Sie rangieren sich im Grunde
selber aus der Menschen Sicht,
machen sich stets unsympathisch –
schlimm ist oft: Sie merken's nicht.

©Norbert van Tiggelen

Wunschträume

Jeder Mensch hat seine Wünsche,
ganz egal, ob jung, ob alt.
Hätte er nicht diese Träume,
wär's im Herzen bitter kalt.

Wünsch dir tief in deinem Innren
Frieden auf der ganzen Welt,
wünsch dir ruhig der Gier zum Trotze
einen ganzen Haufen Geld!

Wünsche dir ein langes Leben
und Gesundheit obendrein;
was ist daran so entsetzlich?
Jeder darf doch glücklich sein!

Darum träume ruhig weiter,
ganz egal, wie alt du bist;
denn wer träumt, der hat noch Ziele
und zeigt sich als Optimist.

©Norbert van Tiggelen
Inspiriert von Sigrid Happe

Gibt zu denken!

Ist dir schon mal aufgefallen,
dass es ziemlich oft passiert:
Guter Mensch krepiert erbärmlich,
schlechter Mensch sich amüsiert!

Hast dein Leben lang geschuftet,
warst stets freundlich und galant.
Halfst dem Lahmen auf die Beine,
nahmst den Schwachen an die Hand.

Warst zugegen dort, wo's brannte,
auf dich war doch stets Verlass.
Hatte man dich als Gefährten,
dann besaß man ein Trumpf-Ass.

Geht es irgendeines Tages
dann einmal dem Ende zu,
quält sich der so oft Geplagte,
und der Schlechte stirbt in Ruh'.

©Norbert van Tiggelen

„Vogelfrei"

Du fühlst dich schon ziemlich lange
in der eignen Wohnung mies;
andre haben ein Zuhause,
du nennst es ein „Burgverlies".

Warum ist es so gekommen?
Was hat man dir angetan?
Warum lebst du so verschleiert?
Was warf dich aus deiner Bahn?

Schuld daran war'n all die Heuchler
in der Nachbarschaft – so'n Mist;
jede dieser bösen Zungen
einer deiner Schinder ist.

Sie erzählten Unwahrheiten,
machten dich zum schwarzen Schaf.
Standst du ihnen gegenüber,
grüßten sie dich nett und brav.

Falschheit beißt dich immer wieder,
würdest echt am liebsten flieh'n,
mit der arg verletzten Seele
unbemerkt von dannen zieh'n.

Du fühlst dich nicht mehr geborgen,
bist genervt und auch verwirrt.
Spürst des Lebens kalte Seite,
wenn dein Heim zur Hölle wird.

Trotzdem kämpfst du aufrecht weiter,
Stolz ist größer als Verstand.
Du sagst dir: „Es wird schon werden!",
hältst dir fest die eigne Hand.

©Norbert van Tiggelen

Wer lügt, gewinnt

Es war einmal vor vielen Jahren,
als Petticoats noch Mode waren.
Da sprach ein Mann ganz weis' zu mir:
„Mein Junge, eines sag ich dir!"

„Mit Ehrlichkeit wirst du im Leben
sicher nicht nach Großem streben,
denn wir Menschen greifen gern
mit Lügen nach so manchem Stern!"

Heut' ist der Mann schon lange tot,
hat brav geschafft fürs täglich' Brot,
hat niemals sich mal Geld geborgt
und die Familie stolz versorgt.

Manchmal schau ich zum Himmelszelt
und sag zu ihm: „Mein weiser Held,
du hattest Recht, wer lügt, gewinnt,
verdammt, was sind wir Menschen blind!"

©Norbert van Tiggelen

Regenbogen

Regentropfen fallen nieder,
landen weich auf dem Asphalt,
manche treffen meinen Körper,
wie ein Stich - mal warm, mal kalt.

Sonnenstrahlen kämpfen blendend
gegen Wolkenmonster an,
lassen Himmelstränen glitzern,
ein Spektakel folgt sodann:

Farben wie aus einem Pinsel
malen Bögen in die Luft,
schenken unsren feuchten Augen
eine zauberhafte Kluft.

Immer greller wird das Lichtspiel,
warte förmlich auf den Knall -
eine glitzernd bunte Freude,
funkelnd wie ein Bergkristall.

Himmelsschminke, sie wird blasser,
Schauspiel geht dem Ende zu,
zarter Wind haucht fort die Töne,
Gottes Maler hat nun Ruh.

©Norbert van Tiggelen

Anwendungsfehler

Der PC „gehorcht" uns nun schon
eine ganz schön lange Zeit,
ist Gehilfe, Freund und Sklave
mit enormer Folgsamkeit.

WIR benutzen ihn tagtäglich,
ER führt nur Befehle aus.
Ist er nutzlos, wird er nichtig;
so läuft's eben – „aus die Maus!"

Erst wenn wir ihn wieder brauchen,
wird er reizvoll und begehrt.
Er hat für uns Menschen eben
keinen weitren Achtungswert.

Doch das Übel ist - wie bitter:
Er hat uns doch sehr geprägt;
weil der Wahn, ihn zu regieren,
tief in unsren Herzen schlägt.

Er lehrte uns in all den Jahren,
Befehle zu erteil'n - wie dumm:
Und genau so kommandierend
geh'n wir jetzt mit andren um.

©Norbert van Tiggelen

Wächter der Nacht

Du spiegelst dich in Seen,
bist Wächter jeder Nacht,
ziehst einsam deine Kreise,
bis dass der Tag erwacht.

Beleuchtest dunkle Pfade
mit deinem Silberschein,
den Werdegang der Meere
bestimmst du ganz allein.

Dein Glanz erlabt das Schweigen,
auch manch verlassnes Herz.
Du gibst Geleit im Dunkeln,
nimmst Einsamen den Schmerz.

Sorgst auch für wache Nächte,
so mancher Schlaf sich quält,
pirsch nun für Stunden weiter
in eine andre Welt.

©Norbert van Tiggelen

Alltagsheld

Du bist so ein toller Bursche –
und ich sag dir auch, warum:
Du hast eine eigne Meinung,
bist dazu im Kopf nicht dumm.

Du bedeutest Unterstützung,
wie es sie nur selten gibt;
der mal austeilt, wenn's drauf ankommt,
aber auch die Fairness liebt.

Du gibst Menschen wieder Hoffnung,
reichst vertraulich deine Hand;
handelst permanent sehr weise
mit 'ner Menge Sachverstand.

Du bist jemand, den ich schätze –
bleibe bitte, wie du bist!
Denn ein Mensch mit deinem Rückgrat
einfach nicht ersetzbar ist.

©Norbert van Tiggelen

Demenz

Er war immer eine Größe,
kernig, stark und aufgeweckt;
ihn zu täuschen, war unmöglich –
man wär' mit ihm angeeckt.

Sein Gedächtnis war solide,
lückenlos und auch vergnügt;
er war niemand, der sich geistig
freiwillig 'nem andren fügt.

Irgendwann, da wurd es löchrig,
er vergaß so nach und nach
sich, sein Leben, seine Lieben –
heute liegt sein Leben brach.

Jetzt erkennt er - oh, wie traurig –
nicht mal seine Frau und 's Kind;
einstige Begebenheiten
lange schon vergessen sind.

©Norbert van Tiggelen

Telefonzellen-Furz

Es geschah vor vielen Jahren,
ich erinnre mich genau;
was jetzt kommt, ihr lieben Leser,
war ein reiner „Supergau"!:

Ich stand in so einer Zelle
mit dem Hörer fest am Ohr,
sprach mit meiner großen Liebe –
sowas kommt im Leben vor.

Plötzlich aber kam so'n Kasper
schnurstracks gehend auf mich zu;
hatte es wohl ziemlich eilig.
Anstand war bei ihm tabu.

Schon nach einigen Sekunden
klopfte er wie ein Idiot
an die Scheibe dieser Zelle –
ich dacht' echt, der sieht gleich rot.

„Aber Freundchen, nicht so eilig!",
sprach ich leis' und dachte nach,
und ich dann zu meiner Scham auch
leider ein Gelübde brach:

Ich ließ leise einen fahren,
lächelte ihm dabei zu;
zählte für mich drei Sekunden
und verließ die Zell' im Nu.

Was dann folgte, liebe Leute,
ist nicht wirklich zu erklär'n;
heute noch fehl'n mir die Worte –
doch für euch, da tu ich's gern:

Er betrat die „Jauche-Kammer"
voller Eile, atemlos;
schon nach etwa zwei Sekunden
war die Freude mehr als groß!

Er benahm sich wie ein Wilder,
tobte rum und schrie zugleich;
wenn ich mich jetzt auch nicht täusche,
wurd' sein Antlitz ziemlich bleich.

Heute, viele Jahre später,
hör' ich ihn noch heftig schrei'n.
Hätte er mal nicht gedrängelt –
Mensch, verdammt – war ich gemein!

©Norbert van Tiggelen

Halb so wild

Maule nicht, wenn's mal nicht rund läuft,
nenn' es nicht gleich „Riesenpech";
es gibt Dramen ohne Gleichen –
werd' mal wach und red' kein Blech!

Irgendwo gibt's IMMER Menschen,
denen's schlechter
geht als dir;
sei dem Leben dafür dankbar,
sieh' es als ein Souvenir!

©Norbert van Tiggelen

„Väter"

Väter sind nicht immer gleich,
da gibt es Differenzen;
die einen schaffen Harmonie,
die andren Turbulenzen.

Die einen haben Herz und Stolz,
die anderen, das sind Beuger.
Die einen nennt man „Vaterherz",
die anderen - „Erzeuger".

©Norbert van Tiggelen

Selbstschutz

„Wer zuletzt lacht, lacht am besten" –
so heißt es sehr lange schon.
Freust du dich zu früh, dann - glaub mir –
erntest du meist Frust und Hohn.

Darum schmunzle erst am Ende,
wenn du weißt, es ist geschafft.
Dass nicht wieder vor Enttäuschung
eine tiefe Wunde klafft.

©Norbert van Tiggelen

Wochenplan

Am Montag denke immer dran:
Fang die Woche sachte an!
Am Dienstag, da vergiss bloß nie:
Streng dich nicht an, egal gleichwie!
Am Mittwoch darfst du gar nichts tun!
Da zählt nur eins: sich auszuruh'n.
Am Donnerstag, nach all den Taten,
würd ich dir zur Auszeit raten.
Am Freitag ist es dann geschafft,
dank deiner tollen Tatenkraft.
Am Samstag gibt's nur einen Plan:
Häng dir bloß keine Arbeit an!
Am Sonntag keine Schufterei!
Denk an dich – mach auch mal frei!

Ich wünsche dir angenehme Tage!

©Norbert van Tiggelen

Mein Omilein im Himmel

Omilein, nun wird es Zeit,
bist Du für ein Gedicht bereit?
Ich muss Dir dringend etwas schreiben,
würdest Dir die Augen reiben.

Omilein, Du tatst mir gut,
denn Dir vertraut' ich absolut;
ohne Dich war vieles leer,
Deine Nähe mocht' ich sehr.

Omilein, verzeihe mir,
ich sagte es nicht oft zu Dir:
Auf Dich konnt' ich mich stets verlassen,
hast mich niemals im Stich gelassen.

Omilein, ich hab Dich gern,
Du warst für mich der größte Stern.
Drum sage ich Dir klipp und klar:
Dass es Dich gab, war wunderbar!

©Norbert van Tiggelen

Nur geliehen

Im Grunde ist alles geliehen,
im Leben und auf dieser Welt;
egal, ob die Jolle im Hafen,
der Ruhm, die Familie, das Geld.

Der Schmuck, die Garderobe, das Auto,
sind HIER dein alltägliches Glück.
Doch denke gescheit und auch weise –
am Ende bleibt all das zurück.

Drum lebe dein Leben bedächtig
und nicht nur mit Blick geradeaus;
gezielt auf die eignen Interessen,
auf Schönheit, Gewinn und Applaus.

Erkenn auch die anderen Dinge,
die dir dieses Leben beschert;
sie bleiben in deinen Gedanken
im Jenseits als treuer Gefährt'.

Der Glaube, die Gunst, das Vertrauen,
die Liebe, die Wahrheit somit –
das sind für mich zweifellos Sinne,
die nimmst du gewiss dorthin mit.

©Norbert van Tiggelen

„Dort oben"

„Dort oben", das ist so'n Gedanke!
„Dort oben", da KÖNNT' es was geben...
'nen Platz, wo du endlich belohnt wirst –
oder bestraft für dein Leben!?

Doch erstmal wird hier auf der Erde
auf Teufel komm raus wild gelebt.
Denn schließlich ist Zeit ohne Ende,
bis man dort EVENTUELL schwebt.

Die Zeit, sie vergeht wie im Fluge,
es altert der Mensch - wie gemein.
Wo sind all die Jahre geblieben,
wo er sich benahm wie ein Schwein!?

Jetzt kriegt er so langsam Bedenken,
sein schlechtes Gewissen plagt sehr;
wenn's dort etwas gibt, was ihn richtet,
dann hat er's „dort oben" echt schwer.

„Hätt' ich mich doch etwas benommen",
denkt reumütig er täglich nach;
aufgrund seiner Angst vor „dort oben"
liegt geistig sein Leben jetzt brach.

©Norbert van Tiggelen

Brücken

Ohne Brücken wär' es schwierig,
neue Orte zu begeh'n,
andre Ufer zu erreichen,
auf der andren Seit' zu steh'n.

Brücken geben uns das Zeichen:
Komm doch rüber, wir sind hier!
Lerne uns doch auch mal kennen,
hab doch einfach keine Zier!

Solche dienen bei uns Menschen
zu Gesprächen und Vertrau'n;
darum sollten wir versuchen,
neue Brücken stets zu bau'n!

©Norbert van Tiggelen

Anlauf nehmen
(Ich kann warten)

Wenn ICH mal etwas leiser bin
und lammfromm obendrein,
zurückgezogen lebe,
dann könnt' es durchaus sein,

dass ich gerade Anlauf nehm'
zu einem Gegenschlag,
woran ich schon seit langem plan'
für DEN bestimmten Tag.

Denn wer mir hat mal wehgetan,
der sollte bloß nicht meinen,
dass ich besiegt von dannen zieh' –
das kann ich nur verneinen.

Mein Echo kommt auf jeden Fall
und das meist ganz spontan,
mit Stolz, Bedacht und Wut im Bauch
sowie ganz viel Elan.

Dass ich 'ne Pein einmal vergess',
ist noch nicht vorgekommen;
wer mich mal ächtet oder plagt,
wird seine Straf' bekommen!

©Norbert van Tiggelen

Noch einmal
frisch verliebt

Du erkennst dich nicht mehr wieder,
bist fortwährend irritiert,
dass dir auf die alten Tage
sowas noch einmal passiert.

Hast nicht mehr damit gerechnet,
doch jetzt traf's dich wie ein Schlag.
Du fühlst dich wie neu geboren,
lechzt nach jedem neuen Tag.

Schmetterlinge wippen fröhlich,
wo's seit Jahren eisig war.
Zwischen Bauch und Kopf, da kribbelt's
immerzu und wunderbar.

Schwebe weiter – unaufhörlich,
unbeschwert, verliebt und frei;
schlemme diese Zeit des Rausches
mit Bedacht und Alberei!

©Norbert van Tiggelen

Mein alter Freund

Graue Härchen an der Schnauze,
der Herbst des Lebens, er verhallt;
dein Gang ist mittlerweile träge –
mein treuer Freund wird langsam alt.

Statt argen Ziehens an der Leine
gehst du so zaghaft wie ein Lamm.
Dich locken auch nicht mehr wie früher
Pfützen, Laubwerk, Dreck und Schlamm.

Statt weiter Touren in die Ferne
nur kurze Gänge um den Block;
du hast auch keine großen Triebe
auf Kumpels, Hasen oder'n Stock.

Doch eins ist klar, du treue Seele:
Dich begleit' ich bis zum Schluss!
Denn die Zeit mit dir, mein Bester,
war ein reiner Wohlgenuss.

©Norbert van Tiggelen

Kriminelle

Man spricht meist von Kriminellen,
wenn sie prellen oder klauen,
überfallen, randalieren
oder andre Seel'n verhauen.

Wenn sie Steuern hinterziehen,
Drogen schmuggeln, Tiere quälen
oder wenn sie Menschenseelen
schikanieren und bestehlen.

Kriminelle sind für mich auch
Menschen, die gern peinigen
die die Seelen anderer Leute
mit Vergnügen steinigen.

Mobbing ist für mich 'ne Untat,
die man hart bestrafen sollt' –
denn der Schinder hat es meistens
so geplant und auch gewollt.

©Norbert van Tiggelen

Jammerlappen

Jammerlappen jammern ständig,
heulen dauernd dir was vor,
sehen immer nur Probleme,
schicken ständig andre vor.

Jammerlappen maunzen schwächlich,
kriegen kaum was auf den Pin,
klagen ewig über Sorgen,
sind für keinen ein Gewinn.

Jammerlappen zieh'n dich runter,
bringen dich aus deinem Trott,
sind so nützlich – sind wir ehrlich –
wie 'ne Tonne Weltraumschrott.

©Norbert van Tiggelen

Heiter bis wolkig

Mal heiter, mal wolkig –
so ist es im Leben!
Mal läuft es unruhig
und manchmal auch eben.
Dein Schicksal bestimmen,
das kannst du meist nicht.
Trifft es dich einmal,
ist Aufstehen Pflicht.
Heitere Zeiten,
die musst du genießen.
Sie bringen dein Inneres
wahrlich zum Sprießen.
Sie kosen die Seele
und küssen dein Herz;
sie sind der Balsam
für späteren Schmerz.
Wolkige Zeiten,
die gibt's leider auch,
sie sind des Lebens
unschöner Brauch.
Doch mit Moral und
ein paar guten Geistern
wirst du sie zweifellos
aufrichtig meistern.

©Norbert van Tiggelen

Knechtschaft

In unsrem Staate ist es so:
Ein Mensch muss sich rentieren;
er sollte immer rastlos sein
und hat zu funktionieren.

Er hat mit Tatkraft und auch Fleiß
zu leisten seine Pflichten,
um lohnend für das Land zu sein
und Steuern zu entrichten.

Und wenn du dich dann irgendwann
nicht mehr rentierst – so'n Scheiß! –,
dann gibt's für dich noch einen Weg:
Du kommst aufs Abstellgleis.

Du hast dein Leben lang malocht,
und was bleibt dir am Ende!?
Das nimmersatte Kabinett,
es reibt sich seine Hände.

©Norbert van Tiggelen

Freundschaft auf den ersten Blick

Nie zuvor einmal begegnet,
auch den Namen nie gehört –
plötzlich siehst du diesen Menschen,
dessen Art dich prompt betört.

Ihr meint, euch schon lang zu kennen,
doch ihr wisst: das ist nicht wahr!
Jede Sinnestäuschung wäre
sicher Unsinn und bizarr.

Dafür gibt's nur eine Lösung,
weder Zauberei noch Trick:
Ihr zwei MUSSTET euch begegnen –
Freundschaft auf den ersten Blick.

©Norbert van Tiggelen

Eigene Dummheit

Bevor du Menschen „Freunde" nennst,
da solltest du doch warten;
lad sie nicht zu eifrig ein
in deinen Seelengarten.

Besonders wenn's dir gut geht,
da kommen sie in Massen;
ich hab es selbst erfahren –
sie wollten nichts verpassen.

Sie feierten begeistert,
genossen meine Feste;
sie fraßen und sie zechten
sogar die letzten Reste.

Doch ging es mir beschissen,
saß ich allein zu Haus
und schimpfte mit mir selber:
Du Narr – Applaus, Applaus!

©Norbert van Tiggelen

Hinter den Fassaden

Hinter den Fassaden,
da sieht's oft düster aus,
denn häufig brennt es mächtig
in manchem Seelen-Haus.

Oft mimt der Mensch den Frohen,
obwohl er's gar nicht ist,
damit man nicht sein Leid sieht –
ich weiß, es klingt recht trist.

Er will die Not nicht zeigen,
die tief im Herzen steckt.
Denn würde er es machen,
so mancher wohl erschrickt.

Drum sollten wir uns kümmern,
wenn's jemandem schlecht geht;
denn quält ein Mensch sich länger,
dann ist es meist zu spät.

©Norbert van Tiggelen

Nachwort:

Lieber Leser!

Nun ist der Ausflug ins Reich des gereimten Lebens beendet. Ich hoffe, dass ich Ihnen das alltägliche Dasein möglichst realistisch nahebringen konnte und Sie das eine oder andere Mal bejahend mit dem Kopf nicken konnten. Vielen Dank für den Kauf dieser Jubiläums-Ausgabe (meine zwanzigste eigene Buchveröffentlichung) sagt Ihnen...

... der Autor Norbert van Tiggelen

Impressum

Titel-Idee:
N. van Tiggelen

Cover-Foto:
Manfred Gorus, München

Lektorat:
Heidi Friedrich, Lampertheim

Gedichte/Texte:
Alle Rechte liegen beim Autor
©Norbert van Tiggelen,
Wanne–Eickel (Herne 2)

Weitere Buchveröffentlichungen:

„Galgenhumor"

Erscheinungsdatum: Juni 2014
ISBN: 978-3735792037
164 Buchseiten, Preis: 11,90 €
Kurzbeschreibung:
Was wäre das Leben ohne (Galgen)Humor? Hier können Sie richtig „ablachen" – manchmal auch ein bisschen gemein.

„Stolpersteine"

Erscheinungsdatum: Juni 2014
ISBN: 978-3735741578
60 Buchseiten, Preis: 6,90 €
Kurzbeschreibung:
Das Leben ist nicht immer fair zu uns! Hier werden vorwiegend die schwierigen Lebenssituationen beschrieben. Teilweise auch sozialkritisch.

„Streicheleinheiten"

Erscheinungsdatum: Juni 2014
ISBN: 978-3735739896
60 Buchseiten, Preis 6,90 €
Kurzbeschreibung:
Mit diesem Buch bekommt nicht nur der Leser liebevolle Streicheleinheiten, sondern auch Familie, Freunde und sogar das Haustier.

„Aufrecht gehen"

Erscheinungsdatum: Juni 2014
ISBN: 978-3735742827
60 Buchseiten, Preis: 6,90 €
Kurzbeschreibung:
Aufmunternde Gedichte, für Menschen mit Rückgrat oder jene, die es noch bekommen wollen. Sehr stimulierend!

„Weisheiten"

Erscheinungsdatum: Juli 2014
ISBN: 978-3735757418
60 Buchseiten, Preis: 6,90 €
Kurzbeschreibung:
Viele Lebensweisheiten wurden hier in guten Ratschlägen reimend verfasst. Sehr nützlich für jüngere Menschen, aber auch die älteren Herrschaften werden mit diesem Buch gut unterhalten.

„Nackte Tatsachen"

Erscheinungsdatum: August 2014
ISBN: 978-3735743473
60 Buchseiten, Preis: 6,90 €
Kurzbeschreibung:
In diesem Buch geht es vorwiegend sozialkritisch zur Sache. Es werden aber auch einige unschöne Lebenssituationen beschrieben.

„Unsere Heimat – das Ruhrgebiet"

Erscheinungsdatum: November 2014
ISBN: 978-3735757999
76 Buchseiten, Preis: 6,90 €
Kurzbeschreibung:
Gedichte, rund um das (Leben im) Ruhrgebiet.
Allerdings werden in diesem Buch auch Kindheits-
Erinnerungen aufgearbeitet.

„Mit freundlichen Grüßen"

Erscheinungsdatum: Februar 2015
ISBN: 978-3734763984
132 Buchseiten, Preis: 8,90 €
Kurzbeschreibung:
Der perfekte Gedichtband für Gästebuch-Einträge
im Internet. Nette Gedichte und Aphorismen
beschreiben das Jahr vom 1. Januar bis zum 31.
Dezember.

„Menschenskinder"

Erscheinungsdatum: Februar 2015
ISBN: 978-3734763984
132 Buchseiten, Preis: 8,90 €
Kurzbeschreibung:
In diesem Buch beschreibe ich den Wandel unserer
Gesellschaft. Ganz besonders liegen mir die Kinder
am Herzen, die eine völlig andere Kindheit erleben,
als wir, die älteren Generationen.

„Wortschätze"

Erscheinungsdatum: Juli 2015
ISBN: 978-3738619157
104 Buchseiten, Preis: 7,90 €
Kurzbeschreibung:
Dieses Buch ist speziell für unsere Mitmenschen geschrieben, aber auch für manches Haustier. Gratulieren Sie zudem mit netten Gedichten zu verschiedenen Anlässen. Ebenso beinhaltet es 35 Gedichte über verschiedene Berufe.

„Lichtblicke"

Erscheinungsdatum: Mai 2016
ISBN: 978-3839146309
60 Buchseiten, Preis: 6,90 €
Kurzbeschreibung:
Überraschen Sie sich und Ihre Mitmenschen mit dieser rezeptfreien Seelen-Medizin. Viele Gedichte, die uns Menschen Hoffnung geben und Mut machen, warten hier auf Sie.

„Feuer frei"

Erscheinungsdatum: Mai 2016
ISBN: 978-3842342624
60 Buchseiten, Preis: 6,90 €
Kurzbeschreibung:
Der Feind in unserem Leben ist oft näher als man vermutet. Egal ob am Arbeitsplatz, oder in der Nachbarschaft. Vielleicht sogar der neppende Bekannte, der sich immer etwas von Ihnen leiht.